mela

jabłko

pera

gruszka

arancia

pomarańcza

limone

cytryna

uva

winogrona

fragola

truskawka

cocomero

arbuz

cocco

kokos

banana

banan

lampone

malina

kiwi

kiwi

ciliegia

wiśnia

mirtillo

borówka

prugna

śliwka

pesca

brzoskwinia

fico

figa

ananas

ananas

mango

mango

cachi

persymona

cavolfiore

kalafior

zucchina

cukinia

melanzana

bakłażan

carota

marchewka

patata

ziemniak

cavolo

kapusta

pomodoro

pomidor

spinacio

sżpinak

broccolo

brokuł

piselli

groszek

zucca

dynia

zucca pepona

dynia piżmowa

avocado

awokado

carciofo

karczoch

fungo

grzyb

ravanello

rzodkiewka

aglio

czosnek

cipolla

cebula

barbabietola

burak

porro

por

peperone

papryka

peperoncino

papryczka chili

asparago

szparag